Guía Básica para Reparar el Crédito

Por: David Gómez Padilla

Crédito Malo

POOR · 748 · GOOD

Crédito Bueno

PRÓLOGO

Es probable que si estás leyendo este libro, me hayas visto hablar en las redes sociales sobre este tema en particular de reparar el crédito. Fueron muchas los días de intenso estudio para entender de lo que les voy a compartir acerca de este tema. Lo importante es que usted ya dio su primer paso positivo para tomar las medidas necesarias para obtener el control de su perfil de crédito. Le felicito porque la mayoría de la gente pueden sentirse tan intimidados con este tema que prefieren nunca, empezar este proceso. Trabajar para mejorar su crédito puede ser una tarea desalentadora – hasta que usted aprende como hacerlo. Usted escogió la mejor decisión; *comenzar*, el resto es cuestión de seguir paso a paso esta guía. Debido a que usted está dispuesto a hacerlo, ya está en el camino de cambiar su vida de muchas maneras positivas. Créame, su trabajo duro no irá sin recompensa. Una de las razones, por la cual me decidí a escribir este libro, lo fue ,el ayudar a otras personas a no depender de otros a solucionar sus propios problemas , en este caso el de reparar su propio crédito. Hace apenas un par de años, yo como persona cometí muchos errores como todos, pensé que tener crédito era lago irrelevante, sin pensar en las consecuencias futuras existentes.

Una serie de pruebas son parte de mi historia que le voy a contar por encima, algunas por mi culpa y otras por culpa del destino, diría yo. La pérdida de un trabajo me llevo a radicar una quiebra capítulo 13, la cual más adelante se desestimó por incumplimiento de pago y muchos de los acreedores salieron nuevamente como lobos a devorar a sus presas. Yo soy producto de esa persecución, la cual por ignorancia desconocía y como buen puertorriqueño pensé que nunca me iba a tocar tan de cerca. Lamentablemente eso me hizo recurrir nuevamente a otra quiebra, esta vez fue el capítulo 7, algo que me enseñó a no detenerme ante la adversidad. Siguiendo con mi caso, la radicación de esta quiebra me eximio de todas las deudas y también de mi puntuación crediticia, nada malo pero no me fiaban ni un mantecado en el negocio de la esquina. Fue aquí que se levantó una inquietud en mi persona y comencé a leer muchos libros de como reparar o rectificar el crédito, algo que me sirvió para decirte a ti; lector amig@, que no importa la situación que estés atravesando actualmente existen alternativas reales que te pueden ayudar.

Hoy en día estoy gozando de muchas de las ventajas que ofrecen el tener una buena puntuación crediticia, bajos intereses, pocas denegaciones, buena referencia de pagos, etc. Es por eso que mi intención de ayudar sigue creciendo, sin importar tu color, raza, sexo u origen étnico. Pienso que todos los seres humanos tenemos derecho de enmendar nuestros errores y tener mal crédito no es un resultado mortal, al contrario puede resultar en algo positivo si usted se propone salir hacia adelante. Si estas técnicas me funcionaron a mí, ten la certeza que también te van a funcionar a ti. Yo estoy feliz de poder ayudarte.

En este momento, existen muchas empresas de reparación de crédito en el mercado, tanto en radio, televisión y redes sociales. Las personas se siente muy atraídas a sus promociones de: "Repara tu crédito por solo $99" y otras que te garantizan tu crédito en 60 días. ALERTA! Estos anuncios son tan falsos como un billete de 3 dólares. Debemos entender que todo camino fácil no siempre son resultados buenos. En este campo de la rectificación o reparación del crédito, cada persona es un caso individual y diferente, pero siempre existe la posibilidad de seguir batallando para poder alcanzar y lograr subir nuestra puntuación crediticia. En fin con este libro llamado *"Guía Básica para Reparar el Crédito"* conocerás más de cerca la oportunidad que usted mismo tiene para recuperar su crédito sin gastar muchos dólares ni centavos. ¡Termine de leer este libro, y nos vemos en la tierra de buen crédito!

Mis mejores deseos,
David Gómez Padilla
2 de agosto de 2018

INTRODUCCIÓN

Felicitaciones por haber adquirido mi libro: ***Guía Básica Para el Reparar el Crédito.***

Todo lo que una compañía de reparación de crédito puede hacer por usted legalmente, lo puede hacer usted mismo sin tener que gastar muchos dólares, ni centavos. Solo tienes que seguir todos mis pasos brindados y estrategias al pie de la letra y verás cómo su crédito malo pasa a la historia. El primer paso que debes dar es conocer tus reportes de crédito, estos lo podemos recuperar de distintas formas, ya sea por correo normal como también de forma electrónica. Más adelante te mostrare a obtenerlos y también a interpretarlos de forma simple, es decir todo en *arroz y habichuela* (Jerga Boricua).

Con esta guía para reparar el crédito, te enseñare todos los derechos que usted tiene como consumidor y la manera en que la ley lo protege como individuo. Una vez aprendas estos derechos, usted mismo puede proceder a identificar cada cuenta como: verdaderas o falsas. También le mostrare la forma en que usted mismo puede crear las disputas, que son nada más y nada menos, que cartas escritas por usted mismo a las diferentes agencias de reporte de crédito, indicando información erróneas que existe en sus informes de créditos. Concluiremos con una serie de estrategias para poder incrementar o rectificar tu crédito, recuerda que esto puede conllevar bastante tiempo, dependiendo la dificultad de cada caso, lo importante es no detenerse ante cualquier adversidad.

El libro de Guía Básica para Reparar el Crédito te enseñara a:

- Como obtener tus Reportes de Crédito.
- Repasar y Comprender tus Reportes de Crédito.
- Disputar Información Incorrecta.
- Negociar con Las Agencias de Colección.
- Como evitar ser víctima de robo de identidad.
- Consejos para proteger su información.

Capítulo 1- CONOCER DATOS IMPORTANTES

Crédito Bueno – ¡Es Más Importante que Nunca!

La meta es simplificar las complejidades del mundo secreto de crédito – hecho así por la gente que quiere que sea difícil mejorarlo. Específicamente estoy hablando de los prestadores de dinero (también conocidos como el Buró de Crédito) que benefician de los consumidores con puntajes de crédito bajos. Este libro le provee con los instrumentos necesarios para conseguir, comprender, mejorar y mantener su puntaje de crédito. Es probable que haya leído un poco sobre esto en el pasado y habrá sido abrumado con el montón de información que encontraste. La mayoría de los libros que yo he leído sobre el mejoramiento de crédito han sido llenos de información innecesaria y probablemente disuadieron a mucha gente. Mi intención en este libro es evitar hacer lo mismo.

Esta Guía está diseñada para ayudarle a comprender y mejorar su crédito rápido y fácil. Las medidas antedichas eliminan la confusión y establecen la fundación de sus acciones. Ya que usted ha dominado estas medidas sencillas, se encontrará en su camino a manejar su crédito por la vida. Eso es todo lo que usted tiene hacer. Suena fácil, pero es importante tener paciencia porque las agencias de crédito no siempre son cooperativas. Las agencias se benefician de la venta de información y no de la corrección de los registros inexactos. Aunque es común pensar que sabemos lo que es "crédito" en términos de nuestro futuro y pasado financiero, es importante tener cuenta de todos los matices que son significados por el término. El crédito es más que su habilidad de tomar un préstamo con una buena tasa de interés. Es basado en su reputación como una persona de buen carácter y en su comportamiento financiero del pasado. Crédito bueno significa que usted sea alguien en que se puede confiar como prestatario. Indica que usted sea fiel a su palabra cuando promete mantener un calendario de pagos. Su puntaje de crédito dice mucho acerca de usted y este libro le ayudará a asegurarse de lo que dice es correcto.

Antes de avanzar, déjame enfatizar lo importante que es el crédito bueno a nuestras vidas. La mayoría de ustedes ya saben que crédito bueno le puede ayudar hacer compras importantes tales como las de casas y automóviles. Mucho más, sin embargo, depende en su puntaje de crédito. Aquí vemos algunos ejemplos de cómo el crédito puede afectar su vida:

> A lo Largo de su vida, la diferencia entre crédito bueno y crédito mediocre puede ser cientos de miles de dólares en su billetera. Algunos expertos estiman que crédito mediocre o malo LE CUESTA ALREDEDOR DE $300,000 durante su vida; dinero que usted no pagaría si tuviera crédito bueno. El costo adicional viene en la forma de mayores tasas de interés y en honorarios en los préstamos de automóviles, hipotecas, tarjetas de crédito, préstamos bancarios y otros tipos de financiamiento. La estimación no incluye los cientos de dólares adicionales que podría haber generado por la inversión del dinero ahorrado por tener un buen crédito.

¡Cuando le digo que buen crédito vale una fortuna, lo digo en serio!

> Posibles empleadores, con frecuencia, repasan las puntuaciones de crédito antes de contratar a alguien. En nuestra sociedad, el mundo financiero equivale buen crédito con buen carácter. Igualmente, si usted tiene mal crédito, se le considera un riesgo y quizás irresponsable. Si su puntaje de crédito es menos de lo que debería ser, esos preconcepciones le pueden impedir conseguir un trabajo bueno.

> Incluso si usted decide alquilar un apartamento en lugar de comprar una casa, el crédito malo puede ser un arpón a sus esfuerzos. La mayoría de los propietarios rutinariamente repasan su crédito y un reporte malo puede resultar en que usted sea rechazado para el alquiler.

> Las compañías aseguradoras, tales como las de propiedad y de vida, también hacen referencia a los reportes de crédito. Algunas niegan cobertura a los solicitantes con mal crédito.

> Crédito malo también impide lograr otras metas. Quizás la meta más importante para usted es mantener una buena relación con su novio o esposo. Las finanzas pueden encender argumentos en sus relaciones. Igualmente, si usted es soltero, es posible que alguien pierda interés en estar con usted porque su mal crédito indica que no será un buen socio financiero. Podría hacer varios otros ejemplos, pero ojala usted ya entiende. Crédito bueno es esencial en tener un estilo de vida saludable y productiva. ¡Ahora aprenderemos como obtener y mantenerlo!

Un Repaso de la Industria del Crédito

Existen tres agencias que dominan la industria de crédito y manejan su información financiera. En las últimas décadas, estas agencias han pasado a ser muy importantes en nuestras vidas. Leyendo este libro, usted entenderá todo sobre este concepto y alcanzara lo más importante; Crédito Bueno. Las tres agencias son:

Estas agencias son una especie de monstruos mecánicos que controlan nuestras vidas financieras. La verdad es que no lo son, actúan meramente como bases de datos que reúnen información crediticia de los bancos, tarjetas de crédito, compañías hipotecarias y otras entidades que prestan dinero. Con esa información, asignan un puntaje a cada persona. Esto parece insólito, hasta que empiezas a comprender el impacto negativo en tus metas financieras. La finalización de una solicitud de crédito para comprar un producto o un servicio suele generar una averiguación de crédito o una consulta. La averiguación de crédito podría ser presentada por un concesionario de automóviles o por un banco hipotecario, en donde usted intenta adquirir algún tipo de bien, ya sea servicio o producto. Información personal como su historial de pagos y archivos públicos tales como privilegios fiscales, quiebras y sentencias también están incluidas en su reporte. Tal vez le sorprenda aprender que muchas averiguaciones en su reporte puede dañar su puntaje de crédito, pero eso lo discuto en detalle más adelante en el libro. Lo importante es entender que su habilidad de obtener un préstamo y de lograr una buena tasa de interés dependerá de la información en su reporte de crédito. Lo esencial tiene validez al confirmar que toda la información en su reporte de crédito es correcta. ¡LAS ESTIMACIONES INDICAN QUE CASI 90 PORCIENTO DE LOS REPORTES DE CRÉDITO CONTIENEN ERRORES! INCREIBLE! Pero con esta guía, usted entenderá y aprenderá a corregir errores e información antigua de sus reportes de créditos.

¿Qué significa puntaje de crédito?

Bueno, empecemos por lo básico. ¿Qué es un puntaje de crédito? Esencialmente, es un intento de las agencias de informes crediticios (burós de crédito) para evaluar la cantidad de riesgo que usted representa a un prestamista potencial. A través de fórmulas matemáticas, estas agencias asignan un puntaje a cada persona basada en toda su información financiera. Los modelos que utilizan las agencias de crédito no son perfectos y los errores son comunes. Por eso, usted debe examinar la información en la base de datos para asegurarse de que su capacidad de crédito está siendo evaluado correctamente.

Una vez que las agencias de informes de crédito calculan su puntaje de crédito, los prestamistas lo utilizan para determinar si usted califica para las tarjetas de crédito, préstamos u otros servicios. La meta del puntaje es ayudar a los prestamistas a determinar la probabilidad de que usted pagará a tiempo. En general, a mayor puntaje de crédito, menor será el riesgo para el prestamista. Los prestamistas y los empleadores utilizan su calificación de crédito para anticipar el riesgo en hacer negocios con usted; las compañías de seguros lo utilizan para anticipar la probabilidad de que usted vaya a tener accidentes o presentar reclamaciones; los empleadores lo usan para ayudar a determinar su conveniencia como un potencial empleado y los propietarios lo usan para determinar la probabilidad que usted pagará el alquiler a tiempo. Tenga cuenta que las agencias de crédito calculan su puntaje de crédito para el beneficio de los prestamistas. Por lo tanto, los puntajes de crédito no son favorables a los consumidores; son diseñados para proteger a los acreedores.

Cada una de las agencias de reporte de crédito acumula información proporcionada por las empresas que tienen un interés en ampliar el crédito de los miembros del público. Esta información incluye la fecha en que la cuenta fue abierta, historial de pagos, saldos pendientes y el tipo de cuenta. Los tipos de cuentas incluyen préstamos hipotecarios, préstamos para autos, cuentas de servicios públicos, tarjetas de crédito, compras en tiendas departamentales, y otras cuentas que requieren pagos a tiempo. El sistema de evaluaciones es diseñado para producir un puntaje entre 350 y 850.

Según las estimaciones, la falta de un pago a un prestamista puede bajar su puntaje de crédito 40 a 100 puntos. Un evento grande, como una bancarrota, puede bajar su puntaje de crédito 200 puntos o más.

Cada agencia de reporte de crédito emplea un método especial para el cálculo de los puntajes de crédito. Por lo tanto, utilizando la misma información, sus puntajes de crédito pueden diferir hasta 50 puntos entre las diferentes agencias. Esta discrepancia puede ser frustrante para los individuos, pero todas las agencias de reportes de crédito son tratando de hacer la misma cosa – determinar el riesgo potencial que usted representa para el prestamista. Su reporte de crédito también contiene información personal como su dirección anterior y corriente, fecha de nacimiento, números telefónicos, historial de empleo, el estatus de su propiedad de vivienda y su nivel de ingresos. Otras áreas de su informe proporcionan documentos de los acreedores que han solicitado su crédito dentro del año pasado y de los empleadores que lo han solicitado durante los últimos dos años.

Su informe también incluye una sección de registros públicos como los juicios, embargos, bancarrotas y embargos fiscales. La presentación de cualquiera de esto con un tribunal generará una entrada en su informe de crédito.

¿Cómo y para qué se utiliza el puntaje de crédito?

Una de las maneras principales en las que se utiliza su puntaje de crédito, es para determinar la categoría del préstamo a solicitar. Créeme, hace una gran diferencia los beneficios que usted puede obtener. Las tres categorías principales son: *Prime* (préstamo preferencial), *Sub-prime* y *Menos de Sub-Prime*. Vamos a explicarte cómo funciona cada una.

1. **Prime:** Si su puntaje de crédito es 680 o más, usted es considerado un prestamista preferencial y usted tendrá pocos problemas consiguiendo un buen tasa de interés en un préstamo hipotecario, préstamo de auto o tarjeta de crédito. Usted también pagara interese más bajos y será capaz de negociar otras condiciones a favor de usted. En mis propias palabras: ¡USTED TIENE EL SARTEN AGARRADO POR EL MANGO!

2. **Sub-prime:** Si su puntaje de crédito se encuentra entre 560 y 679, se le considera un prestatario "*Sub-prime*" y es probable que usted pagará mayores tasas de interés. En los últimos años, los prestamistas han entrado en los mercados de sub-prime para ofrecer préstamos seductivos con bajas tasas de interés que aumentan dramáticamente después de algunos años. Estos préstamos atrajeron a la gente a comprar casas que no podían pagar y ayudó crear el corriente crisis crediticia. No esta malo, pero tampoco es muy bueno. ¡SE PUEDE MEJORAR!

3. **Menos de Sub-prime:** Un puntaje de crédito menos de 559 es lo peor de los tres escenarios. Si su puntaje de crédito esta en esta categoría, le sugiero que siga leyendo este libro, para juntos poderlo sacar del hoyo. Claro, usted todavía puede obtener tarjetas de crédito, pero es probable que tenga que pagar depósitos de seguridad o altas tarifas de adquisición. ¡Además, sus tasas de interés pueden ser más de 20 por ciento! Obtener hipotecas o préstamos de automóviles con una puntuación debajo de 560 es difícil. Si tienes éxito en obtener un préstamo con un puntaje bajo, estoy seguro de que usted va a tener que pagar altas tasas de interés y honorarias adiciónales. Muchas compañias

de seguros cobran primas altas dependiendo en su puntaje de crédito. Además, un puntaje bajo le puede impedir conseguir trabajo con muchas compañías.

Factores que Afectan sus Puntaje de Crédito

Algunos de los factores que afectan su puntaje de crédito lo son:

1. **Historial de Pago (35%).** Pagos tardíos tienen un gran efecto negativo en su puntaje de crédito. Usted debe hacer un compromiso en este momento de pagar sus tarjetas de crédito y otras cuentas a tiempo. Si los pagos tardes aparecen en su informe de crédito, su puntaje va a sufrir. Bancarrotas y cuentas morosas enviados a las agencias de cobranzas o determinados incobrables, son perjudiciales a su bienestar financiero. La información más reciente tiene el mayor efecto en su informe de crédito mientras la información de más de dos años de edad tiene un impacto menor.

2. **Deuda en uso (30%).** Usted debe ser consciente de los límites de su tarjeta de crédito y otros préstamos, limítese a utilizar solo el 30 por ciento de todas sus deudas. El puntaje de crédito se basa en la relación entre la cantidad que usted debe en sus tarjetas de crédito y otros préstamos y sus límites de crédito. Las agencias de crédito le sancionarán por tener una deuda excesiva en uso. En otras palabras, deber $5,500.00 en una tarjeta de crédito que tiene un límite de $6,000.00 baja su puntaje de crédito. Permitiendo

que una de sus cuentas alcanzar su límite puede dañar su puntaje. Usted debe mantener una deuda bajo de 30 por ciento del límite disponible. Por ejemplo, si usted tiene una tarjeta de crédito con un límite de $1,000.00, usted debe pagar el saldo hasta que usted deba menos de $300 cada mes.

3. **Duración de su historial de crédito (15%).** Lo ideal es tener cuentas abiertas por más de dos años sin demoras. A veces, usted tiene que tener a lo menos de tres cuentas abiertas por más que un año para obtener un puntaje de crédito.

4. **Averiguaciones recientes (10%).** Las agencias de reportes de crédito se ponen nerviosas cuando de repente usted enseña interés en tener un montón de crédito nuevo. La solicitud de muchas cuentas nuevas afecta negativamente a su puntaje de crédito. Las consultas promocionales no cuentan. Aunque las averiguaciones permanecen en su informe para un máximo de dos años, las que fueran hechas en los últimos seis meses son las más dañosas. Si usted tiene una serie de averiguaciones recientes en su informe de crédito, sin embargo, no es necesario tener pánico. ¡El tiempo pasa rápidamente y usted puede comenzar a construir un mejor puntaje de crédito ahora mismo!

5. **Tipos de crédito en uso (10%).** Los tres principales tipos de préstamos son utilizados por las tarjetas de crédito (sin garantía), hipotecas (asegurados) y los automóviles (asegurados). En un escenario ideal de puntuación de crédito, usted tendrá una hipoteca, un préstamo de automóvil y tres tarjetas de crédito. Si usted no puede comprar una casa o un automóvil

ahora, usted no tiene por qué preocuparse. Este factor abarca sólo diez por ciento de su puntaje de crédito y no tener este tipo de préstamo no le va a destruir su capacidad de obtener buen crédito.

Capítulo 2- CONTROL Y DERECHOS

¿Qué es FICO?

Las tres mayores agencias de reporte de crédito no directamente deciden su capacidad de crédito. Más bien lo harán los prestamistas como los bancos y las compañías de tarjetas de crédito. Ellos reportan la información a las agencias de crédito. Las agencias, sin embargo, están lejos de ser inocentes espectadores en la lucha por un buen crédito. Frecuentemente cometen errores y suelen ser negligente hacia el mantenimiento de su calificación crediticia. Afortunadamente, la ley les obliga a corregir sus errores. Para llamarles la atención, hay que señalar los errores por su nombre escrito, más adelante explico con detalle.

FICO ® es el puntaje de crédito con que la mayoría de las personas están familiarizadas. Esta fórmula de calificación crediticia es la más utilizada y la más importante. La fórmula fue desarrollado por la empresa Fair Isaac y es empleado por TransUnion. El algoritmo exacto es una secreta pero FICO ha sido presente por tanto tiempo que podemos sacar algunas conclusiones acerca de cómo funciona. FICO se utiliza en miles de decisiones de préstamo cada año incluyendo 75 por ciento de los evaluaciones del crédito hipotecario.

Desde el Origen

Las agencias de reporte de crédito y la puntuación de crédito, son fenómenos relativamente recientes. En 1956, Bill

Fair y Earl Isaac fundaron la empresa Fair Isaac, que se ha convertido en sinónimo de presentación de informes de crédito. Fair; un ingeniero e Isaac; un matemático, sentían que podían diseñar una fórmula matemática que ayudará a los prestamistas predecir cuánto riesgo representa un prestatario potencial. Siendo analíticos, querían crear un modelo que eliminara los prejuicios de los prestamistas y reemplazarlos con los hechos económicos. En poco tiempo Fair Isaac llegó a dominar el mundo de la presentación de informes de crédito y la puntuación de crédito se convirtió rápidamente en una piedra angular de la situación financiera de casi todos los americanos que trabajan. El monstruo estaba suelto e imparable. Con el paso del tiempo, el proceso de crédito se ha convertido en un ente sigiloso y según muchos individuos, en algo distorsionado. A veces la gente ve el nombre de Fair Isaac y piensan en "justo" como un adjetivo que describe la industria de crédito. ¡No lo es! A menudo, el puntaje de crédito es todo menos justo. Usted tiene que de trabajar para hacerlo así. Los informes de crédito contienen errores y el proceso para lograr corregirlo puede parecer bastante injusto. ¡Mientras que nuestro sistema de justicia considera al acusado inocente hasta que se demuestre lo contrario, nuestro sistema de reporte de crédito presupone culpabilidad y requiere que usted pruebe su inocencia. Algo raro, No crees! Los reportes de crédito se han vuelto más importantes en nuestras vidas porque los utilizamos a diario. Durante los años 1990 y 2000, el dinero prestado a través de las tarjetas de crédito, préstamos automóviles y créditos no hipotecarios se duplicó a más de $1.7 billón de dólares. Los préstamos caseros de la equidad se dispararon a más de $1 billón en 2003. Eso es un montón de crédito, y su aprobación depende en gran medida de las puntuaciones de crédito. Este monstruo creado por los hermanos Fair es más grande del que podrían haber imaginado, pero no te desanimes, usted cuenta conmigo.

DERECHOS LEGALES

A pesar de que el proceso de decisiones utilizado por la industria de crédito parece estar en contra de usted, usted tiene una serie de derechos bajo la ley. La empresa Fyco fue responsable, en gran parte, para el secretismo que envuelve al proceso de calificación crediticia. En un tiempo, el Congreso pensó que los consumidores estaban siendo maltratados y aprobó la Ley de Informe Justo de Crédito (FCRA) para promover precisión, imparcialidad y privacidad de la información en los archivos de todas las agencias de reporte de crédito. La mayoría de las agencias de reporte de crédito recopilan y venden información sobre los consumidores a los acreedores, los empleadores y otras empresas. Usted puede encontrar el texto completo de la FCRA, 15 U.S.C. §§ 1681-681u en el sitio web de la Comisión Federal de Comercio (www.ftc.gov). Usted puede encontrar información adicional en www.ftc.gov/credit o puede escribir a:

Centro de Respuesta al Consumidor
Habitación 130-A
Comisión Federal de Comercio
600 Pennsylvania Avenue N.W.
Washington, DC 20580.

Aquí hay un resumen de sus derechos debajo de la FCRA.

- Se le debe informar si la información en su reporte se ha sido usado en contra de usted. Cualquier persona que utiliza su informe para denegar su solicitud de crédito, seguro, o empleo, (o tomar otra acción adversa contra usted) debe notificarle. También proporcionarle el nombre, dirección y número de teléfono de la agencia que proporcionó esa información.
- Usted tiene el derecho a saber lo que hay en su archivo. Usted puede solicitar y obtener toda la información recopilada por las agencias de reporte de crédito. Esto se conoce como una "revelación de archivo". Para obtener una revelación de archivo, usted tendrá que proporcionar identificación que puede incluir su número de seguro social. En muchos casos, las agencias de reportes de crédito tienen que proporcionar las copias de forma gratuita.

Usted tiene el derecho a una revelación o copia gratuita si:

- Una persona o empresa ha tomado una acción adversa contra usted debido a la información en su informe de crédito;
- Usted ha sido víctima del robo de identidad;
- El robo de identidad o fraude causó errores en su informe;
- Si usted está desempleado y dice que es su intento solicitar empleo dentro de 60 días, o
- Usted confía en la asistencia pública.

Usted tiene derecho a una copia gratuita cada doce meses de cada agencia de crédito. Usted deberá solicitarlo por escrito. Usted no debe ser tímido acerca de cómo solicitar la misma, usted tiene el derecho de hacerlo en virtud de la ley. Usted puede solicitar su calificación de crédito de las agencias de informes de crédito que crean o distribuyen los puntajes para ser utilizarlo en los préstamos de bienes raíces residenciales, pero usted tendrá que pagar por ellos. En muchas transacciones hipotecarias, sin embargo, usted recibirá la información de crédito gratis del prestamista hipotecario. Recuerde, usted está en cargo de su propio puntaje de crédito. Usted tiene el derecho de disputar errores en la información, y usted debe crearse un hábito de hacerlo. LA LEY ESTA DE SU LADO. Si usted encuentra información incompleta o incorrecta en su informe de crédito e informa a la agencia de reporte de crédito, la agencia debe investigarlo. La ley establece que las agencias de informes de crédito deben corregir o eliminar la información incompleta e incorrecta. Normalmente, los errores deben ser eliminados o corregidos dentro de 30 días, pero una agencia de reporte de crédito puede seguir reportando información que ha verificada ser correcta. Además, estas agencias no pueden reportar la información negativa que es antigua. En la mayoría de los casos, una agencia de reporte de crédito no puede reportar información negativa que ocurrió más que siete años en el pasado, ni bancarrotas más de diez años en antigüedad.

Breve Resumen

Por ahora, usted ha comenzado de tener una idea más clara de sus derechos legales y lo que usted necesita hacer para mejorar su puntaje de crédito al nivel más alto. Tener un informe de crédito es una componente fundamental para crear un futuro financiero sólido. Un retraso en los pagos le puede costar mucho. Los bancos y las compañías de crédito le cobran más si usted tiene un bajo puntaje de crédito, e igualmente, usted puede pagar más por los seguros de automóviles y los seguros de vida también. Las empresas de servicios públicos revisan los informes de crédito antes de conectar sus servicios. Es posible que un crédito que es pobre le impida abrir una nueva cuenta bancaria. Muchos empleadores utilizan los informes de crédito para determinar carácter y los detalles en su informe pueden pesar mucho en la decisión de contratarle. Si usted utiliza la información contenido en este libro, va a lograr el mejor crédito y puntuación posible. Seguimos avanzando al siguiente tópico; *Empezar a mejorar el crédito* y recordándole que este libro se va considerar tu mejor aliado para la reconstrucción de tu crédito bueno.

Capítulo 3- EMPEZAR A MEJORAR EL CREDITO

OBTENER LOS REPORTES

Como mencioné anteriormente, las tres agencias de reporte de crédito que dominan la industria –**Experian, Equifax y TransUnion**. Cada una de estas agencias calcula la puntuación de crédito en maneras diferentes. Como resultado, es necesario obtener un informe de crédito de cada agencia. Usted puede obtener un reporte de crédito GRATIS cada año con visitar el sitio web; www.annualcreditreport.com Sin embargo, le recomiendo obtener su informe de crédito cada 30 a 60 días durante el primer año. Con hacer eso, usted puede observar su progreso y verificar que los acreedores están eliminando los elementos incorrectos. No se podemos avanzar con hasta que usted ha recibido sus informes de crédito; estos son la pieza clave para poder empezar a eliminar cuentas erróneas. También existe el portal de www.fico.com/es/ el cual le ofrece los reportes de manera instantánea por un precio que ronda los 60 dólares (3 reportes).Usted va a tener que hacer muchas copias de su informe cuando empiece escribir cartas. Usted debe incluir una copia de su informe mostrando los elementos que desea diputar con cada carta que usted mande.

Para obtener su informe de crédito, usted necesitará la siguiente información:

- Su número de seguro social;
- Su domicilio actúale y los anteriores con las fechas que vivían en cada lugar;

- Su número de cuenta de tarjeta de crédito
- Sus números de cuentas de otros préstamos.

ENTENDER LOS REPORTES

Usted no está solo si se siente que los informes de crédito pueden parecerle confusos e intimidantes. Créame, esto no es accidental. Lo difícil de estos reportes es la forma en que la información esta encriptada, para que nadie la pueda entender fácilmente. Con un poco de paciencia y siguiendo estos pasos usted podrá convertirse en todo un experto, leyendo e interpretando estos informe de crédito. Por ejemplo, todos los informes de crédito contienen una "*Tradeline*" para cada acreedor. *Tradeline* significa una línea de comercio. Una línea de comercio es simplemente una línea o columna de información en su informe de crédito. Afortunadamente, una vez que comprendes como leer e interpretar una sola línea de comercio, es fácil comprenderlas todas.

A continuación algunas sugerencias y ejemplos de las secciones más importantes de su informe de crédito. Nos centraremos en el "*Informe combinado de crédito*," que incluye detalles combinados de Experian, Equifax y TransUnion. Los informes individuales son emitidos por sólo una agencia, la cual solo limita a un solo reporte de dicha agencia.

Después de obtener su informe de crédito, repásalo una y otra vez, en busca de errores. Si usted encuentra algunos pocos errores, no se preocupe, pueden ser corregidos fácilmente. Tenga cuenta de que los informes varían un poco en apariencia. Todos los informes contienen la misma información básica, pero al mismo tiempo, un informe puede contener errores y otros no. Usted debe repasar detenidamente cada informe. Conviértase en detective de sus reporte.

Lo más importante de verificar es su información personal, como su nombre, dirección, fecha de nacimiento y número de seguro social. No es inusual tener la información de otra persona en su informe de crédito, incluso si usted la conoce personalmente. Tales errores son comunes en estos reportes y entonces, asegúrese de poner atención especial a esta parte. Tenemos algo por dónde empezar.

AREAS DE IMPORTANCIA EN LOS REPORTES

En esta sección, me centraré en las siguientes áreas críticas de su informe de crédito: La información personal, cuentas abiertas y cerradas, registros públicos y averiguaciones.

Después de verificar su información personal, usted debe revisar sus cuentas abiertas y cerradas para asegurarse de que son correctas. Luego continúe con el primer repaso de su informe de crédito con el fin de identificar los elementos incorrectos o negativos tales como privilegios fiscales, quiebras, juicios, demandas, retrasos en pagos, cobros, cancelaciones y embargos.

La mayor parte de su historial financiero, incluyendo los nombres de sus acreedores, que aparece en su informe de crédito. Usted debe leer esta sección cuidadosamente y buscar errores. Si encuentras problemas, destácalos con un marcador, especialmente si son incorrectos o reflexionan negativamente en su informe. Estos elementos son las cuentas que usted va impugnar. Voy hablar más acerca de cómo hacer esto más adelante.

Tenga cuenta que la ley requiere que las agencias de informes de crédito expliquen precisamente cualquier información en su reporte que usted no entiende. Usted debe comunicarse con ellos si usted está confundido acerca de cualquiera entrada en su informe de crédito. En la parte superior de la sección que contiene la información de cuentas hay una leyenda que identifica la información contenida en cada columna. Primero, usted debe destacar toda la información negativa, y también, los elementos cuestionables, incompletos o que no pueden ser verificados.

1. Los elementos "*Cuestionables*" son los que contienen inconsistencias, errores de fecha, información contradictoria, etc. Usted debe perseguir la corrección de estos elementos con sus acreedores. Si son incorrectos, usted puede impugnarlos y tenerlos cambiado.
2. Los elementos "*Incompletos*" son a menudo los más difíciles de identificar porque suelen ser errores de omisión. Por ejemplo, las cuentas en sus informes de crédito le pueden faltar el historial de pagos actualizado, o también, detalles importantes.
3. Los elementos "*No Verificables*" son los que no se puede mostrar, porque le pertenecen a usted. Por ejemplo, si una empresa deja de operar, se hace imposible verificar su información. Si la información

afecta su puntaje de crédito negativamente, usted puede solicitar que sea eliminado de su informe. Los acreedores tienen que demostrar que toda la información en su *Tradeline* es correcta. Si son incapaces de hacerlo, las agencias de reporte de crédito deben eliminar la información de su informe. Recuerde, los elementos negativos en su informe de crédito son denuncias formuladas por sus acreedores, no son declaraciones oficiales del gobierno. Usted tiene el derecho de cuestionar la exactitud de su informe. Una vez impugnada, sus acreedores deberán demostrar que estos elementos negativos son correctos. Si no pueden hacerlo, las agencias de reporte de crédito deberán eliminarlos de sus informes y punto.

Su derecho de cuestionar la información incompleta o incorrecta que aparece en su informe de crédito está protegido por la Ley de Informe Justo de Crédito (FCRA). El FRCA pone un poder significativo en sus manos. Usted puede disputar la información que considere incorrecta e incompleta incluyendo los errores acerca de las bancarrotas, pagos atrasados, cobros, cancelaciones, embargos y ejecuciones hipotecarias.

SECCION DE INFORMACION PERSONAL

Anteriormente cubrí esto, pero quiero añadir que esta sección debe incluir la fecha en que la información fue reportada por primera vez a la oficina de crédito por sus acreedores, y, la fecha de su última actualización. Seguimos.

SECCION DE DECLARACION DEL CONSUMIDOR

Esta sección es voluntaria y le permite presentar una explicación de 100 palabras de una disputa para ser revisado por cualquier prestamista. Usted no debe hacer esto a menos que sea necesario. A veces, luchando batallas innecesarias señala atención no deseada a un evento negativo. Sin embargo, si usted tiene un conflicto grave que afecta o puede afectar su informe en una manera negativo, es posible que usted escribiera una declaración explicando su desacuerdo con el acreedor.

Nota Importante: USTED SÓLO DEBE PRESENTAR UNA DECLARACIÓN DE CONSUMIDOR COMO ÚTLIMO RECURSO.

SECCION DEL RESUMEN DE INFORMACION

En esta sección del Resumen de Información contiene su historial de pagos separados por tipo de cuenta. Los cinco tipos de cuentas, algunos de los cuales se superponen, son los siguientes:

1. *Cuenta Inmobiliaria*: Esto generalmente hace referencia a las hipotecas primarias y secundarias.
2. *Cuentas Rotatorias*: Estas cuentas tienen diferentes términos y calendarios de pago e incluyen las cuentas de tarjetas de crédito.
3. *Cuentas a Plazo*: Estas son préstamos con plazos fijos y los pagos regulares, tal como un préstamo de automóvil. Hipotecas inmobiliarias con tasas de interés fijas también pueden entrar en esta categoría.

4. **Otras Cuentas**: Estas son las cuentas que no encajan en categorías precisas y podrían incluir las cuentas de 30 días tales como las de American-Express®.
5. **Cuentas de Colección**: Como usted pudo haber imaginado, estas cuentas son las más que afectan sus reportes. Pueden haber sido asignado a un abogado, una agencia de colección, o un departamento interno de colección de un acreedor. Usted debe evitarlas a como dé lugar.

Los términos e información siguiente se aplican a todos tipos de cuenta. Yo he tratado de simplificarlos para usted.

- **Recuento**: Esta es la abreviatura financiero para el número total de cuentas en una categoría de préstamos que usted tiene.
- **Saldo:** Esta es la total que usted debe por todas las cuentas en una categoría.
- **Pago**: Este es el total de pagos mensuales que usted debe hacer a todas las cuentas en una categoría.
- **Corriente**: Este es el número total de cuentas en las que sus pagos están corrientes.
- **Delincuente**: Este se refiere al número de cuentas en una categoría en las que usted ha pagado tarde. Usted debe tratar de no tener nada en esta categoría.
- **Derogatorio o Adverso**: Este representa el número total de cuentas en una categoría que están dañando a su calificación crediticia. Este es un punto crítico que usted necesita escudriñar.
- **Desconocido**: Esta categoría contiene el número de cuentas que las agencias de informes de crédito no pueden verificar. Tener muchas cuentas en esta categoría afecta mucho su crédito. Cuando las cuentas

desconocidas son corrientes, y usted ha estado pagando sus cuentas a tiempo, es normal esperar un resultado positivo, o por lo menos un efecto neutro, en su puntaje de crédito. Usted debe examinar esta sección por errores. Es posible que usted encontrará cuentas abiertas, cuentas cerradas, registros públicos o averiguaciones.

- ➤ **Cuentas Abiertas/Cerradas**: Esta categoría contiene las cuentas suyas que están abiertas o cerradas.
- ➤ **Registros Públicos**: Estos son los registros públicos que aparecen bajo su nombre e incluyen juicios en su contra, embargos preventivos de impuesto y las quiebras. Esta sección también incluye el total en dólares de todas las deudas representados por los artículos en sus registros públicos.
- ➤ **Averiguaciones**: Una averiguación aparece en su informe cuando una organización, tal como un banco o tienda, pide una copia de su informe de crédito. Agencias de reporte de crédito, en general, miran cuantas averiguaciones fueron hechos en su informe entre los últimos dos años.

SECCION SOBRE EL HISTORIAL DE CUENTAS

Como usted habrá pensado, esta sección contiene información acerca de su historial de crédito incluyendo las actividades relacionadas a sus cuentas de crédito. También incluye información tal como pleitos, sentencias, colecciones y otros asuntos que involucran sus cuentas. Los sumarios de calificaciones de cada cuenta no es fácil de entender y se refieren como "Positivo," "Negativo" o "Sin Calificación." Un sumario de calificación "Positivo" indica que usted es el tipo de persona que paga a tiempo, "Negativa" muestra graves problemas de crédito, y "Sin Clasificación" es una indicación de una nueva cuenta. Elementos negativos, por supuesto, se reflejan mal en su puntaje de crédito. Su meta debe ser cuestionar y eventualmente tener eliminado todos los elementos incorrectos y negativas que aparecen en su informe de crédito.

La sección del historial de cuenta en su informe de crédito, incluye los nombres de todas las agencias que le han ofrecido crédito. Indica el número de cuenta, describe el tipo de cuenta, incluye la condición de la cuenta, indique si la cuenta es individual o conjunta e indica sí está abierto o cerrado. También incluye la fecha de inicio y final de la cuenta.

La sección de información sobre la historial de crédito muestra el saldo entre la cantidad que usted actualmente adeuda en la cuenta, y su límite de crédito. Este saldo es una pieza importante de información para los acreedores potenciales y es la razón que usted debe tratar de mantener su saldo mensual por debajo del 30 por ciento de su límite de crédito. Los requerimientos de su pago mensual son listados con el saldo más alto que usted ha debido en la cuenta. También incluye la última vez que fuiste al baño y no te lavaste las manos, es broma, pero ya casi parece como si lo saben todo, ¿no? De todos modos, las agencias de reportes de crédito no pierden de vista la frecuencia con que usted ha hecho los pagos atrasados y el total de esos pagos. Las declaraciones de consumidor o cualquier comentario que usted ha escrito también aparecen aquí.

Algunos informes de crédito también incluyen un gráfico de su historial de pagos durante los últimos dos años. Otros publican un gráfico que describe una historial de pago de cuatro años. Sin embargo, otro gráfico (por lo general se encuentran en la parte inferior del informe) puede contener una historial de siete años, con especial atención a cualquier retraso en los pagos que usted haya hecho.

SECCION DE REGISTRO PÚBLICO

Esta sección muestra información sobre aspectos legales afectando su crédito que está disponible para el público en general. Entradas negativas también pueden aparecer en esta sección del registro público. Usted debe repasar detenidamente esta sección por errores. Algunos ejemplos de entradas negativas son las bancarrotas, embargos preventivos de impuesto, las sentencias judiciales y los pagos pendientes de la manutención de los hijos. Si como leíste, por manutención. En cada registro público, algunos o todos de los siguientes términos de información pueden aparecer en su informe de crédito. Algunos se pueden explicar por sí mismos, pero a veces, un término parecerá que no es lo que usted piensa, complicado verdad, para eso existe esta guía, para poder ayudarle. Continuemos descifrando estos conceptos.

- *Tipo*: Esto simplemente se refiere al tipo de documento, algunos ejemplos son: los privilegios fiscales, las bancarrotas y los juicios.
- *Estatus*: Este se refiere a la situación actual del documento.

- *Fecha de Presentación/ de Reporte*: Esta es la fecha en que el documento fue presentado por primera vez.
- *Método de Presentación*: Esta es la explicación de su papel en la presentación del documento. En la mayoría de los casos, el documento es presentado individualmente o conjuntamente.
- *Número de Referencia*: Cada documento tiene su propio número de identificación.
- *Fecha de Cierre*: Esta es la fecha en que el documento fue cerrado, o la fecha en que la sentencia judicial fue concedida.
- *Tribunal*: Se refiere a la corte o agencia con jurisdicción sobre el documento.
- *Cantidad*: Esta es la cantidad, en dólares, de la sentencia judicial o embargo preventivo.
- *Observaciones*: Si cualquier comentario hecho por usted o el tribunal aparecen en la información del registro público, se mostrará aquí.

Si el registro público incluye una bancarrota, otros tres elementos aparecen. Ellos son:

1. *Responsabilidad*: Este es la cantidad que el tribunal de quiebras ha requerido que usted paga a los acreedores.
2. *La Cantidad Exenta*: A veces la tribunal decide que usted no tiene la responsabilidad legal de pagar la cantidad total que está solicitando el acreedor. La cantidad que usted no tiene que pagar es conocida como la cantidad exenta.
3. *La Cantidad Activo*: En un procedimiento de quiebra, el tribunal suma sus activos para determinar lo que

usted tiene disponible para satisfacer las demandas de los acreedores.

SECCION DE AVERIGUACIONES O CONSULTAS

Esta sección de su informe de crédito contiene las averiguaciones que han sido hechos en su historial de crédito. Esta información incluye la fecha de la averiguación y el nombre del acreedor que lo pidió. Una averiguación aparece en su informe de crédito cuando un acreedor potencial pide una copia de su reporte. Las averiguaciones son aprobadas sólo cuando usted tiene una relación establecida con el individuo pidiendo una copia, o si usted está solicitando por crédito nuevo. El nombre o la entidad que solicita la información aparecer en su informe y le permite a usted saber y observar quien está solicitando su información crediticia.

¡ATENCIÓN! Tener un número excesivo de averiguaciones en su informe puede dañar su crédito. NO para nada, pero le afecta grandemente su puntaje. Usted debe disputar todas las averiguaciones incorrectas. Si usted hace un averiguación de su crédito, esa consulta no cuenta para nada en su contra. También, las averiguaciones hechas durante un corto período de tiempo, por lo general, no dañan su calificación crediticia debido a que las agencias de informes de crédito suponen que estabas solicitando un préstamo de casa o automóvil.

SECCION DE INFORMACION SOBRE EL ACCREDOR

En esta sección se muestra todos los acreedores en su informe de crédito. Los nombres de los acreedores de las secciones de Información sobre la historial de crédito y de averiguaciones también aparecen en esta sección junto con las direcciones y los números de teléfono de estos. Usted tendrá varias alternativas para poder comunicarse con los acreedores, ya sea vía email o por el número de teléfono que aparece en el listado en su reporte.

Algunos Acreedores No Presentan Información a las Oficinas de Crédito.

¿Por qué? Debido a que las agencias de reporte de crédito cobran un honorario cada vez que un acreedor le ofrece información acerca de usted, algunos acreedores no quieren gastar mucho dinero. Aunque es posible que los acreedores verifiquen su puntaje de crédito antes de hacer negocios con usted, no siempre vuelven a informar a las agencias de reportes de crédito. Esos acreedores, con frecuencia, incluyen las compañías de seguros, los propietarios, hospitales, médicos, comerciantes y trabajadoras especializadas, empresas de finanzas locales, empresas de utilidades y cooperativas de ahorro y crédito.

ALGUNOS ACRONIMOS DE CRÉDITO

Bueno, aquí están algunas más siglas, abreviaturas y términos desconocidos que utilizan las agencias crediticias. Es importante que usted se familiarice con ellos porque su informe de crédito se parecerá menos confuso si usted ya entiende la terminología. Esta información general le ayudará entender su informe de crédito.

NOT PAY AA – Este término se refiere a un saldo pendiente que existe en la cuenta e indica que usted no está pagando de acuerdo al contrato de crédito. Usted debe evitar este tipo de entrada negativa.

CARGA-OFF o CARGADA A P&G (pérdidas y ganancias) – Esto significa que el prestamista dejó ir a la deuda porque cree que es *incobrable*. El hecho de que la deuda fue despedida no significa que no va afectar su calificación de crédito. En realidad, este tipo de acción se considera como una de las más perjudiciales para su puntaje de crédito.

30-DÍAS - Usted ha hecho un pago que era retrasado por lo menos de 30 días.

60-DÍAS – Esto indica que usted ha hecho a los menos de un pago 60 días tarde.

90-DÍAS –. Esto significa que usted ha hecho un pago que fue por lo menos 90 días tarde. No pasarás tiempo en la cárcel, aún no. Pero por haber hecho esto, es seguro que va bajar sus puntajes de crédito a las millas. Usted debe evitar pagar tarde.

IN Installment Account - Este se refiere a una cuenta con un número fijo de pagos determinados. Hipotecas o préstamos de automóviles son ejemplos comunes.

RV Revolving Account– Este término se refiere a las cuentas rotatorias. Este tipo de cuenta emplea pagos mensuales regulares como las tarjetas de crédito.

MN Open/Monthly Account – Este acrónimo se refiere a las cuentas mensuales que deben ser pagados en su totalidad después de cada facturación. Este tipo de cuenta no es muy común.

OT/Other Company's Account Being Collected – Este es una cuenta de un tipo desconocido que ha sido entregada a una agencia de cobros.

DEED IN LIEU – Esta es la forma abreviada de haber entregado el título de propiedad al acreedor para evitar el juicio hipotecario de su casa. También indica que la deuda hipotecaria que usted debe ya pueda estar pagada y la cuenta este al día.

GOVCLAIM – Esto significa que Tío Sam no está feliz con usted. Indica que usted no pudo pagar un préstamo del gobierno y el gobierno presentó una reclamación contra de usted.

FORECLOSURE – También conocido como un juicio hipotecario, Este término significa que un prestamista tomó su propiedad porque usted no pudo pagar la hipoteca.

VOL SURR – Esto significa un "entrego voluntaria." Esto indica que usted ha entregado su propiedad voluntariamente para evitar tenerlo tomado por el acreedor.

REPO – Esto dice que su propiedad fue embargada porque usted no pagó el préstamo.

Typically, creditors report any changes made to your account information monthly. This means that some accounts listed below may not reflect the most recent activity until the creditor's next reporting. This information may include things such as balances, payments, dates, remarks, ratings, etc. The key(s) below are provided to help you understand some of the account information that could be reported.

Rating Key
Some creditors report the timeliness of your payments each month in relation to your agreement with them. The ratings in the key below describe the payments that may be reported by your creditors. Please note: Some but not all of these ratings may be present in your credit report.

N/R	X	OK	30	60	90	120	COL	VS	RPO	C/O	FC
Not Reported	Unknown	Current	30 days late	60 days late	90 days late	120 + days late	Collection	Voluntary Surrender	Repossession	Charge Off	Foreclosure

Remarks Key
Additionally, some creditors may notate your account with comments each month. We refer to these creditor comments as 'Remarks'. The key below gives the descriptions of the abbreviated remarks contained in your credit file. Any remark containing brackets > < indicates that this remark is considered adverse.

AND AFFCTD BY NTRL/DCLRD DISASTR

Cómo Mejorar Su Puntaje de Crédito

Ya que usted ha recibido y repasado su informe de crédito, es el tiempo de tomar acción. Siga las instrucciones indicadas a continuación y asegúrese de pagar sus cuentas a tiempo. Recuerda es fácil decir pagar a tiempo, cuando se tiene capital. Tranquilo, que mi objetivo es ayudarte a eliminar la información antigua, incompleta y dañosa en su informe de crédito y agregar información correcta y crear una reputación de pagar a tiempo. ¡Hacer eso mejorará su puntaje en sólo unos meses, créame por experiencia propia!

Repasando Su Informe de Crédito Por Errores

¿Sabía usted que más que 60 billones de pedazos de información se agregan a los informes de crédito cada año? Añado esto con el propósito de explicarte que las agencias de reportes de crédito no verifican la validez de la información que reciben (sólo la conectan a su perfil cuando lo reciben de sus acreedores) y no es extraño que los errores se producen con bastante frecuencia en los informes de crédito. Cada vez que usted accede a su informe de crédito, asegúrese de revisar la información contenida. Los errores más comunes son:

- Listados de cuentas que no son suyos,
- Cuentas pagadas o cerradas que se reportan con pagos pendientes, y
- Registros de pagos atrasados que no son verdaderos.

Otro error común ocurre después de una quiebra. Los burós de crédito, con frecuencia, son lentos en ajustar sus registros mensuales y a veces muestran saldos adeudados con mayor tiempo después de que la quiebra ha sido declarara. Esto puede ser molesto, pero tales errores no son eliminados hasta que usted tome medidas para hacerlo personalmente. No sea tímido. Si yo lo puedo hacer, usted también lo hará. Destaca y marca cada artículo que usted desea disputar, poniendo atención especial al nombre del acreedor y número de cuenta. Usted va a tener que escribir esta información en las cartas específicas que yo le voy a proporcionar al final de este libro. Recuerde, usted es responsable de determinar cuáles cuentas deben ser verificadas y cuáles no.

Cómo Disputar Errores En Su Informe de Crédito

Después de revisar su informe de crédito, vamos a utilizar las cartas modelo que yo le presento al final del libro. Con cada carta, usted debe incluir una copia de su informe de crédito con los errores destacados. Si usted está disputando más de un artículo en su carta, sólo tiene que incluir una copia de su informe. La agencia de crédito debe responder a su queja dentro de 30 días. Si usted no recibe una respuesta dentro de ese tiempo, usted debe enviar una carta recordatorio.

Aquí la persistencia es la clave del éxito. Muchas veces, la agencia de crédito responderá en una carta que dice que su disputa es frívola. No permita que usted sea empujado. Vuelva a enviar su carta de disputa e incluye la más información de apoyo posible. Esta documentación adicional puede consistir de cheques cancelados, cartas del acreedor original, y cualquier comprobante de pago. Usted quiere que la oficina de crédito sepa que usted no va a dejar de disputar hasta que ellos corrigen el error.

Como mencioné antes, recomiendo que usted no disputa más que un tercio de los errores en su informe de crédito en un plazo de 30 días. Disputar todos los errores al mismo tiempo aumentará su probabilidad de recibir una respuesta de disputa frívola. Hay que ser persuasivo a la hora de enfrentar a estos acreedores.

Otras Pasos Hacia el Mejoramiento De Su Crédito

Como usted ya sabe, existen miles de compañías de reparación de crédito y les cobran a sus clientes para "arreglar" su crédito. En realidad, la mayoría de lo que hacen es disputar los elementos negativos en su informe de crédito para tenerlos eliminados. ¡Usted puede ahorrarse ese dinero y evitarse dolores de cabeza con disputar los errores usted mismo!

ENCONTRANDO Y CORREGIENDO ERRORES – Aunque los errores no deben estar en cualquier informe de crédito, es probable que usted encuentre a lo menos uno, y quizás más, en el suyo. Supongamos que una colección abierta de cien dólares aparece en su informe de crédito a pesar de que hace dos años de que usted lo pagó. Disputar este error con las agencias de crédito es simplemente el ejercicio de su derecho bajo la Ley de Justo Informe de Crédito de tener el elemento corregido. Ley requiere que el acreedor verifica el elemento en cuestión y que responde a la agencia de crédito entre 30 días. Si encuentran que el elemento es antiguo o incorrecto, la mayoría de los acreedores informarán a la agencia de crédito, y la agencia lo eliminará. Sin embargo, usted debe estar preparado para demostrar a los acreedores que usted tiene la razón, tal vez con enseñar una cheque cancelado u otra información de apoyo, le ayudara mucho.

MOMENTO DE PEDIR UNA NUEVA INVESTIGACIÓN – A veces, las agencias de crédito eliminan los elementos correctos de su informe, y otras veces, omiten hechos positivos acerca de su situación crediticia. Estas cosas pasan porque el acreedor decide no volver a investigar y responder a las oficinas de crédito. Recuerde, el acreedor tiene 30 días para responder una vez que usted haya presentado una solicitud. Si el acreedor no responde, las agencias de reporte de crédito se ven en la obligación de borrar o quitar la información negativa de su informe. Disputar información que usted sabe ser correcta es contra la ley, pero si usted encuentra información incorrecta o incompleta, usted debe tomar medidas para tenerlo corregido o eliminado. Con intentarlo usted no pierde nada.

HABLAR DIRECTAMENTE CON LOS ACREEDORES –

Recuerde que a usted le está permitido hablar con sus acreedores directamente. Usted tiene que ser firme y no dudar de enfrentarlos. Recomiendo que usted sea cortés, pero firme. Pregúnteles si están dispuestos a solicitar que la cuenta sea borrada de su informe de crédito. Cuando yo estaba trabajando a mejorar mi calificación de crédito, llame a las compañías de mis tarjetas de crédito y pedí estar en contacto con el departamento interna que presentó mis cuentas. Una vez conectado a la persona adecuada, le expliqué mis problemas y le pedí que me elimine esa información negativa de mi informe de crédito. Todos los acreedores lo hicieron sin demora. Esta es una buena estrategia porque las compañías de tarjetas de crédito u otras entidades que prestan dinero son los acreedores originales que reporten la información que aparece en su informe de crédito. Las agencias de reportes de crédito sólo reportan lo que le dicen los acreedores. Ir a la fuente es frecuentemente el mejor método y muchas veces resulta exitoso. Cada elemento negativo eliminado de su informe de crédito es otro paso hacia su objetivo general de mejorar su puntaje de crédito.

Si la cuenta es incorrecta, la agencia de reporte de crédito deberá eliminarla de su informe de crédito. Vale la pena repetir nuevamente que si el acreedor no responda entre 30 días luego de haber sido notificado de su disputa, la agencia de crédito debe eliminar la cuenta.

¡Disputa y sea persistente! Créeme, al final vera el resultado de su esfuerzo.

Algunas de Razones Más Comunes de Presentar Una Disputa

PROBLEMA	RESOLUCIÓN
Mi información personal es incorrecta:	Proporcione la información incorrecta y corregida. Incluye el nombre del acreedor, número de cuenta y la razón porque la cuenta debe ser eliminada de su informe de crédito. Las razones pueden ser cosas como: la cuenta pertenece a otra persona, la cuenta está obsoleta, etc.
La siguiente cuenta no pertenece en mi informe de crédito:	Incluya el nombre del acreedor, el número de cuenta, una descripción del problema, y cómo puede ser corregida.
La cuenta siguiente tiene información incorrecta sobre el saldo y necesita ser corregida:	Esta información es incorrecta. Le deuda fue pagada en total (ponga la fecha). Incluye el nombre del acreedor, número de cuenta, información apoyando su reclamo tal como copias de recibos, cheques cancelados y cartas de los acreedores, etc.
La cuenta siguiente fue reportada ser 30 días tarde:	Diga que usted pagó la cuenta entera. Incluye el nombre del acreedor, número de cuenta, y documentos apoyando su reclamo tales como copias de recibos, cheques cancelados y cartas del acreedor.
La cuenta siguiente se informó como derogatorio, que es incorrecta:	Incluya el nombre del acreedor, el número de cuenta, una descripción del problema, y cómo puede ser corregida.

La cuenta siguiente se describe por error y necesita ser corregida:	Incluya el nombre del acreedor, el número de cuenta, y cualquier evidencia de cierre.
La cuenta siguiente fue cerrada por mi petición, pero no aparece correctamente en mi informe:	Incluya el nombre del acreedor, la fecha de averiguación, y las razones que la averiguación debe ser eliminada de su informe de crédito.
La averiguación siguiente no se pertenece a mi informe de crédito:	Las razones pueden ser cosas como: la averiguación tiene más de dos años, la averiguación no fue autorizada, etc.

La correspondencia que usted tiene que realizar con las agencias de reporte de crédito, los acreedores y los colectores de deuda es muy importante. Usted debe guardar copias de todos los documentos y pedazos de correspondencia, y también debe mantener un registro escrito de todas las conversaciones telefónicas, con notas de la fecha, tiempo y tema de cada conversación que usted tiene acerca de su informe de crédito. Si usted sigue con diligencia el proceso y los burós de agencias violan la ley, usted tendrá la documentación necesaria para probarlo. Usted debe mantener los archivos de todos sus informes de crédito por lo menos de cinco años, en caso de que puedan reaparecer cuentas en su informe y usted necesita pedir que sea eliminado.

INSTRUCCIONES DE DISPUTAS POR CORREO

A medida que usted avance a través de estos pasos, guarde copias y registros de toda la correspondencia que usted envía o reciba. Esto incluye copias de cartas, facturas, mensajes de correo electrónico, faxes y también los sobres que enviaste (para tener prueba adicional de haber enviarlo y la fecha).

Le recomiendo mandar todo por correo certificado con acuse de recibo, para que usted tenga prueba escrita de envío. Uso de correo certificado le da un recibo sellado con la fecha de correo y un número de orden que se puede utilizar en el internet para verificar la entrega. Con el recibo de retorno, usted debe elegir la opción de correo regular para que recibas una tarjeta verde en el correo con la firma del destinatario que verifica la entrega de la carta. El Servicio Postal de los EE.UU. ofrece una variedad de opciones de correo, opciones de prueba de envío, opciones de seguimiento, y prueba de opciones de entrega, así que antes de enviar cada carta, usted debe pensar en qué tipo de prueba de envío y recibo de entrega que usted desea y luego poder discutirlo con el empleado postal antes de enviar la carta. Existen opciones en el internet para hacer estas disputas a las distintas agencias. Yo recomiendo el envió de cartas certificadas como método efectivo, ya que le provee la prueba de envío y recibo de su carta. Usted encontrará información detallada sobre el envío, prueba y seguimiento en el sitio web del Servicio Postal de los Estado Unidos: www.usps.com.

También le sugiero que guarde sus documentos en una carpeta o un sobre grande marcado con la fecha y el nombre de la empresa con que usted está en contacto. Esta letra inicial probablemente dará lugar a más correspondencia, y usted debe mantener la información en un sólo lugar. Si usted hace cualquiera comunicación por el correo electrónico, asegúrese de imprimir una copia del mensaje para su archivo.

Estas precauciones pueden parecer una molestia, pero la recompensa al final puede ser grande. Con frecuencia, si los errores han ocurrido, usted obtendrá el remedio que busca. Con persistencia, usted puede tener su informe corregido y continuar con su vida financiero con el crédito bueno que usted merece.

¿Cuánto Tiempo se Queda Información en Su Reporte De Crédito?

Una respuesta rápida es: mucho tiempo. Por ejemplo, la información negativa puede permanecer en su informe por siete años, y algunos elementos permanecerán por más tiempo. No es difícil adivinar quien convenció al Congreso para hacer estas leyes. Los acreedores hicieron todo lo posible para castigar a aquellos que no pagan sus préstamos a tiempo – incluso cuando el fallo consiste en solamente un pago atrasado. Retrasos en los pagos pueden permanecer en su informe de crédito y causarle daño por muchos años, también aunque un sólo retraso en pago, por lo general, no causa mucho daño. ¡Elementos como bancarrotas pueden permanecer en su historial por hasta 10 años! Por alguna razón, la información reportada como resultado de un empleo con un sueldo de más de $20,000 no tiene tiempo de limitación. La información reportada a causa de una solicitud de seguro de vida también no tiene un tiempo de limitación.

Demandas o juicios en contra de usted pueden permanecer en su informe de crédito por siete años o hasta que la ley de prescripción se ejecuta, el que sea más largo. Por defecto, la información relativa a los préstamos asegurados por el gobierno estadounidense, o los préstamos estudiantiles, pueden permanecer en su informe de crédito por siete años a partir de determinaciones legales. Privilegios fiscales aparecen en el informe de crédito por siete años después de la fecha de pago.

Las "averiguaciones o consultas suaves" en su crédito permanecerán en su informe de crédito por sólo seis meses; sin embargo, "averiguaciones duras" pueden permanecer en su perfil por un máximo de dos años.

TIPOS DE CUENTAS	TIEMPO APROXIMADO EN LOS REPORTES
Indagaciones suaves	6 meses
Indagaciones duras	2 años
Pagos morosos	7 años
Quiebra Cap.13	7 años
Quiebras Cap. 7	10 años
Demandas o juicios civiles	7 años
Préstamos Estudiantiles	7 años

Capítulo 4- DEFENDERSE DE LOS ACREEDORES

Cómo negociar Con Las Agencias de Cobranza

A todos nos pasa. Usted olvidó hacer un pago a su casa o usted se encontró en tiempos difíciles financieros y olvidó pagar una tarjeta de crédito. Como ya sabemos, después de 180 días de no haber pagado, la cuenta en demora llega en las manos agresivas de una agencia de colección. Usted se convierte en presa de estos depredadores. Estas agencia de cobros se adueñan de su deuda y harán lo imposibles para recobrar el dinero que usted no quiso pagarle al banco o a la cooperativa. Ahora usted le debe el dinero a la agencia, y no al acreedor original. Increíble, pero es una triste realidad. Usted ya tiene que comunicarse directamente con la agencia de colección y eso no siempre es una experiencia agradable. Es momento de llenarse de sabiduría y no de coraje.

Antes de comunicarse con la agencia de colección, usted debe saber estas agencia se dedican a implementar el miedo colectivos a los deudores. No titubees en enfrentarlos. Si usted está dispuesto a trabajar con ellos, las agencias de cobros a veces quieren reducir la cantidad que usted debe. Algunos establecerán planes de pago y se abstendrán de informar a las agencias de crédito. Otros, sin embargo, le obligarán a pagar la totalidad de la deuda.

Usted debe saber que la reducción de un acuerdo de pago con una agencia de colección es muy diferente de una "charge-off" que es cuando el acreedor cancela la deuda pendiente y lo ve como una pérdida. Mucha gente comete el error de pensar que cuando los acreedores hacen "charge-off" las deudas malas ya están libres de pecado. Eso está muy lejos de la verdad. En realidad, una anulación de este tipo de Deuda es una de las peores cosas que puede aparecer en su informe de crédito, especialmente si sigue pendiente de pago por un periodo de tiempo prolongado.

Estas cuentas también pueden estar al acecho en la oscuridad por un corto tiempo, resurgiendo nuevamente por estas agencias de colección que decide llevar el caso hasta las últimas consecuencias, como por ejemplo; llegar al tribunal por medio de una demanda. Ya cuando usted piense que el tema está muerto, de repente surge alguien para hacerle la vida más difícil. Muchos deudores han sido obligados a pagar a través de embargos de salarios, con los gastos legales incluidos en el total. Si usted lo puede evitar, no permita que su deuda se convierta en una charge-off.

COMO PODEMOS DETENER A LOS COBRADORES

El comportamiento de las agencias de cobro es controlado por la agencia federal establecida en la Ley de Practicas Justas para el Cobro de Deudas (FDCPA), aunque no le parezca así cuando usted reciba las llamadas telefónicas y cartas. Si una agencia de cobros le está pisando los talones y usted se siente hostigado, primeramente deberá familiarizase con sus derechos en el sitio web de la Comisión Federal de Comercio: www.ftc.gov Recuerde que los cobradores de deudas son capaces de resolver la deuda por menos de la total y fastidiarle la vida rutinaria. Pero como todo existen excepciones A los cobradores de deudas no le he permitido: usar amenazas, acosar a la gente, engañarle o mentir acerca de las consecuencias. Así que no tenga miedo en conocer más sobre sus derechos como consumidor.

IDENTIFIQUE METAS REALES

Usted debería estar centrado principalmente en lo que usted quiere lograr; reducir o eliminar su deuda la antes posible. Esto debe incluir convencer a la agencia de cobro de renunciar a cualquier cargo adicional, reducir la totalidad que usted debe, abstener de comunicarse con sus burós de crédito y establecer un plan de pago. Es posible que usted no logre todas estas metas, pero debe esperar realizar la mayoría.

¿QUE HAGO, SI RECIBO UNA CARTA DE COBRO?

Quiero ayudarte a prepararte en caso de que una agencia de cobranza te notifica de una acción de colección. Primero usted debe saber que hay dos tipos diferentes de colecciones. La primera es una "*colección fresco*" que significa que usted ha recibido el primer aviso acerca de esa deuda especifica. Esta notificación, por lo general, consiste de una carta de presentación que informa que la cuenta ha sido entregada a una tercera entidad para cobro. También indica que usted tiene diez días para disputarlo por escrito. Si usted no responde, la agencia de cobros asumirá que la deuda es válida y pronto demandará el pago. La buena noticia es que usted puede recibir muchas cartas de este tipo antes de que la deuda se aparezca en su informe de crédito. Sin embargo, usted debe tomar acción inmediatamente para evitar tenerlo en su informe.

El Segundo tipo de colección es uno que ya aparece en su informe de crédito. Es posible que usted no tenga conocimiento de esta colección hasta que recibe su informe. Esto puede ocurrir por muchas razones. Tal vez usted se mudó y el correo no fue enviado, o tal vez usted se negó a pagar la cuenta por tratarse de un malentendido con el acreedor. Otra posibilidad es que usted puso una cuenta cuestionable a un lado para mejor evaluarla y se olvidó de la misma. (Con todo respecto a este último ejemplo, estoy hablando desde mi experiencia personal.) Cualquiera que sea la razón, usted debe confrontar sus asuntos, y cualquier inexactitud que se esté trabajando en contra de usted, dispútalo con una carta.

Vamos a discutir el primer tipo de colección. Si usted recibe un aviso de cobro de una agencia de colección, y usted cree que no debe dinero, usted primero tiene que cuestionar la recogida directamente con la agencia de colección. El mejor enfoque es simplemente decirles por qué la deuda no es válida. Una vez recibido el aviso de cobranza para el pago de médicos delincuentes. Yo tenía seguro médico en el momento que ocurrió el evento, y la compañía de seguros pagó la deuda que me cuestionan. Escribí una carta a la agencia de cobranza para informarles del error y que no iba pagar la cuenta. A pesar de que envié ciertas cartas como recordatorios, nunca recibí una respuesta de la agencia. Después de repasar mi informe de crédito durante los próximos años, comprobé que no hubiera información negativa acerca de la deuda en mi informe. Esperar una respuesta de las agencias de cobranzas es razonable, pero no es recomendable. Incluso si la deuda es válida, sin embargo, todos los jugadores en el juego tienen la oportunidad de ganar. Como dije anteriormente, las agencias de cobro sólo ganan dinero si recogen parte o todo de la deuda. Aquí es donde sus habilidades de negociación entran en el juego. No se preocupe si usted no tiene mucha práctica negociando La negociación no es tan difícil como usted piense, créame cualquiera se puede convertir en un súper negociador, más cuando hay deudas envueltas. Mi recomendación es la siguiente.

ENVIAR CARTAS A LAS AGENCIAS DE COBRO O COBRANZA

Una vez que usted haya identificado sus objetivos, el siguiente paso es crear una carta para enviar a la agencia de cobranza. Usted debe resistir negociar con los números al principio. En realidad, usted no debe ofrecer ningún número, porque la primera regla de la negociación es la siguiente: **¡AQUÍ, El PRIMERO QUE HABLA, PIERDE!** Usted debe esperar a que el acreedor haga la oferta de acuerdo inicial. Después, usted puede hacer una contra-oferta con una cantidad más bajo. Si usted ofrece una cantidad primero y la agencia de cobranza lo acepta, nunca sabrás si ofreciste la cantidad de dinero adecuada por haber ofrecido de primera instancia.

Recuerde, la negociación es un esfuerzo por ambas partes para llegar a un acuerdo. No es bueno entrar a la negociación pensando que usted quiere vencer a la agencia de cobranza. Usted está tratando de llegar a un compromiso, para encontrar una cantidad de pago que sea satisfactorio para ambos. Pregúntele al representante por la cantidad más baja que aceptará la agencia de cobranza para pagar su deuda. La respuesta le dará un punto de partida para el resto de la negociación. Los representantes de colección siempre piden más dinero de lo que están autorizados a aceptar. Su trabajo consiste en maximizar la cantidad pagada sobre cada deuda. Usted debe hacer una contra-oferta con una figura que sea aceptable para usted y después trabajar hacia un acuerdo sobre una cantidad que usted puede pagar. Si la persona con que usted está hablando es grosera o no parece interesado en negociar, no se enfade. Agradezca al representante para la asistencia y con calma pida hablar con un supervisor. Una vez que usted tiene el supervisor en la línea, empiece de nuevo con su negociación. A veces, los supervisores tampoco quieren negociar con usted, pero la mayoría de las agencias de cobro, con el tiempo, negociarán.

Cuando lleguen a un acuerdo, asegúrese de hacerlo por escrito antes de pagar algo de la deuda. Además, parte de la oferta debe incluir el acuerdo de que la agencia de cobro debe informar sobre la el acuerdo a las agencias de reporte de crédito. Esto también debe hacerse por escrito.

¡Esté preparado para pagar la deuda, si usted hace una oferta! Si usted ofrece una suma muy alta, la agencia de cobranza probablemente le dará un descuento mayor que si usted sugiere arreglos de pago.

Ahora vamos a hablar acerca de las colecciones que ya aparecen en su informe. Si usted cree que una colección que se muestra en su informe de crédito no es válida, usted debe cuestionarlo, rápidamente. Redacte u envié cartas a las agencias de crédito, asegurándose de su situación en específico. La colección puede estar en los tres registros de las agencias de reporte de crédito, por eso, es importante contactarlas a cada una individualmente. Igual que con los otros elementos incorrectos que usted encuentra en sus informes, las agencias de reporte de crédito deben eliminarlos si no son verificados a tiempo o si el acreedor no confirma la legitimidad de la deuda.

Si el cobro es válido, es tiempo de llamar a la agencia de cobranza. Usted encontrará el número de teléfono en el informe de crédito. El proceso de negociar con la agencia de cobro es el mismo que en el primer ejemplo. La única diferencia es que el acuerdo debe incluir una disposición que la agencia de cobranza reporta la cuenta a la agencia de crédito como pagado. Una vez más, es importante obtener el acuerdo por escrito. Una colección pagada es mejor que una no pagada. Muestra a los prestamistas que usted es honesto y está dispuesto a reparar su situación de crédito. Esto le ayudará cuando usted haga su próxima compra importante.

Esté preparado de encontrar una agencia de cobro terca e arrogante, o un acreedor que demanda prueba de su incapacidad de pagar. Esto puede causar demoras, y usted tendrá que trabajar con una agencia o un abogado para conseguir una resolución. Es importante tener en cuenta que usted puede hacer mucho por sí mismo, pero siempre llegue al momento de contactar a un experto en la materia, le será de gran ayuda. Asegúrese de actuar con rapidez, ya que haciendo caso omiso de sus deudas es lo peor que usted puede hacer. Puede ser trabajo duro por su parte, pero se sentirá muy bien cuando usted finalmente consigue los resueltos de los problemas.

Capítulo 5- FRAUDE

COMO EVITAR SER VICTIMA DE ROBO DE IDENTIDAD

El robo de identidad puede tener un efecto devastador en su crédito. La Comisión

Federal de Comercio (FTC) informó recientemente que este es uno de los crímenes de más rápido crecimiento en la nación. Es terriblemente invasivo y puede afectar seriamente a su capacidad de tener una vida normal. Éstos son algunos de los caminos por los cuales los ladrones pueden reunir suficiente información para robar su identidad, de acuerdo con la FTC:

1. Pueden robar su correspondencia, incluso su correspondencia financiera.
2. Pueden obtener información de documentos arrojados en su basura, o papelera de reciclaje. Este es un método común de robar la información privada. Comprar y usar una trituradora es una manera de evitar este problema.

3. Pueden utilizar el Internet para introducirse en los archivos de su computadora o de una empresa con la que usted ha hecho negocios, o pueden ejecutar las estafas por internet mediante el cual, a través de algún tipo de artimaña, solicitan su número de tarjeta de crédito y tal vez su número de seguro social. Usted nunca debe proporcionar esta información a través de Internet o alguien por teléfono sin verificar quienes son.
4. Pueden sobornar a los empleados que trabajan con información privada.
5. Pueden obtener sus números de cuenta y otra información por el robo de su bolsa o billetera.
6. Pueden utilizar un formulario para cambio de dirección para redirigir su correo a una ubicación de su elección.

Otros métodos existen también, pero usted ya tiene la idea. Los ladrones de identidad utilizan esta información para cargar cualquier cantidad de cosas a usted, desde material de oficina y alimentos a los automóviles de lujo y cruceros. Pueden contratar un préstamo de automóvil o establecer un servicio de teléfono celular en su nombre (un truco favorito de los narcotraficantes que utilizan el teléfono para establecer contactos), y pueden abrir una cuenta bancaria con su nombre y emitir cheques sin fondos en ella. A veces abren docenas de cuentas de tarjetas de crédito utilizando las identidades de otras personas y cargan bastante de dinero en ellos. ¿No se sorprenderá al descubrir que usted tiene varios cientos de miles de dólares debido en sus tarjetas de crédito y cheques sin fondos?

CONSEJOS PARA PROTEGER SU INFORMACIÓN

1. Destruya todos los documentos antiguos de tarjetas de crédito, facturas, correspondencia, ofertas de tarjetas de crédito, y otros documentos que contienen información personal.
2. Nunca deje recibos de tarjetas de crédito o recibos de tarjetas de débito en el banco, cajero automático, o tienda. Llévelos con usted, y destrúyalos en casa.
3. Envíe los sobres con el pago de las facturas en un buzón público o en la oficina de correos. No los ponga en su buzón de casa, porque es muy vulnerable al robo.
4. Mantenga su certificado de nacimiento, tarjeta de seguro social, y el pasaporte de forma segura bajo llave, para que no puede ser robado.
5. Cambie sus contraseñas bancarias y números PIN con frecuencia, y nunca utilice las fechas de nacimiento, fechas de aniversarios, nombres de los hijos, o nombres de mascotas que se pueden adivinar fácilmente.
6. Nunca guarde su número de PIN en su computadora si usted utiliza esa computadora para acceder a Internet. Los criminales pueden acceder a todo la información en su computadora fácilmente.
7. Tenga cuidado con las ofertas de los empresas desconocidas. Las gentes malas saben cómo crear aplicaciones fraudulentas del crédito que aparecen oficiales. Estos esquemas le ofrecen crédito pre-aprobado si usted le proporciona el nombre de soltera

de su madre, número de seguro social, dirección, ingreso, etc.

8. Tenga cuidado con las solicitudes de actualizar su información personal que parecen provenir de empresas con las que usted normalmente hace negocios. Cualquier solicitud para actualizar su información personal, ya sea por teléfono o a través de Internet, debe levantar una bandera roja. No es común que las empresas legítimas contacten a los clientes en esta manera para este fin. ¡No proporcione la información! Llame a la compañía directamente a través de un número de teléfono conocido y pida una verificación de la solicitud. Si el contacto resulta ser fraudulento, la empresa puede solicitar su ayuda en el suministro de información para identificar la fuente. Todas las empresas legítimas, y el gobierno federal, toman en serio esta actividad criminal.

9. Usted puede haber oído hablar de "phishing". El phishing es la jerga informática de los hackers que se refiere al correo electrónico o mensajes pop-up que le engaña haciéndole creer que se trata de una compañía legítima. Los delincuentes que utilizan esta técnica primero le pedirá que usted verifique su información personal y luego su nombre de usuario y contraseña. Muchas de estos mensajes y sitios web parecen legítimas. Si usted sospecha que un mensaje de correo electrónico u otra comunicación es fraudulenta, no responda a esta. La mayoría de los comerciantes de Internet y las instituciones financieras tienen departamentos de seguridad que pueden pedir que usted transmita el mensaje completo o un hipervínculo para ayudarles a investigar el sitio cuestionable.

10. Nunca utilice el correo electrónico para enviar información personal o financiera. La mayoría de las cuentas de correo electrónico no son seguras.
11. No pierda su cartera o billetera! Usted puede encontrar consejos prácticos del gobierno federal y la industria de la tecnología para ayudar a protegerse contra el phishing y el fraude en Internet en www.onguardonline.gov,

CONCLUSIÓN

Como hemos aprendido con esta guía, ya usted se encuentra en el punto donde no necesita valerse de otros para resolver sus problemas crediticios. No quiero decir que no busque ayuda, porque siempre la vamos a necesitar, lo que quiero es dar énfasis en que ya usted conoce los derechos que lo cobijan como individuo. Sabemos que el camino es largo y detenerse conlleva no hacer nada, si usted pudo leer completamente esta guía, estoy 100 % seguro que está preparado para enfrentar a todos esos acreedores que lo hostigan diariamente. Animo, No te detengas! Recuerda que al final la recompensa es grande, porque vas a resolver no solo tus problemas de crédito sino los de tus seres cercanos y allegados. El éxito comienza AHORA!

Ejemplos de Cartas

Usted ya tiene todas las herramientas necesarias para construir un buen puntaje de crédito. Yo comparto con ustedes unos de los "secretos" de las agencias de reporte de crédito, pero la verdad es que usted ya tiene todo lo que necesita para avanzar. Ahora, le toca a usted para llevar la antorcha hacia la línea de meta. Les puedo asegurar, sin embargo, que su energía, resolución y determinación va a ser determinante.

 Le sugiero que usted reserve una mañana tranquila dedicada a mejorar su puntaje de crédito. Siga los pasos de este libro, y tómese su tiempo. Sea cuidadoso, atento, y persistente, y usted tendrá éxito.

Para ayudarte en el camino de lograr un buen puntaje de crédito, he incluido algunos ejemplos de cartas. Estas cartas son las claves principales para ganar la batalla contra sus acreedores Usted debe ser consciente, sin embargo, que las cartas son ejemplos y deben ser personalizadas para adaptarse a sus circunstancias específicas. Su uso literal no puede ser tan eficaz o potente como la adaptación a su situación. Deben servir como modelos e inspirarle a crear su propia correspondencia que se ocupará de su problema específico de la manera más eficaz posible. La personalización de las cartas las hacen más fuertes y reduce el riesgo de tener la disputa calificada como frívola.

Usted se dará cuenta de que las cartas son muy directas. Esto lo hice intencionalmente porque la gente que lo van a leer están ocupados y no están dispuestos a leer muchas palabras en busca de la sustancia de la carta. En su versión personalizada, usted debe llegar al punto lo más rápido posible, mientras proporcionar toda la información necesaria. A continuación son algunas letras que yo recomiendo.

Carta de Información Incorrecta Listado en Su Informe

Fecha:

Servicios de Información Equifax
P.O. Box 740256
Atlanta, GA 30374-0256

RE: Numero de Informe
Fecha del Reporte:

Estimado Equifax:

Al revisar me reporte de crédito corriente que recibí de Equifax, encontré muchos listados incorrectos. He incluido una copia de mi informe de crédito de Equifax con los elementos en cuestión destacados Las siguientes cuentas no son mías:

1. Tarjeta de Crédito ABC
   Número de Cuenta: 1234567890
2. Empresa XYZ
   Número de Cuenta: 0987654321

Por favor verifique esta disputa con los acreedores listados. Una vez que lo han hecho y han confirmado que estoy correcto, por favor elimine estas cuentas. También le pido una copia de mi informe de crédito de Equifax mostrando estas correcciones. Gracias.

Atentamente,

Juan M. Ramirez Gonzalez

Carta de Información Antigua

Fecha

Experian
Centro Nacional de Asistencia al Consumidor
P.O. Box 2104
Allen, TX 75013-2104

RE: Número de Reporte:

Fecha de Reporte:

Estimado Experian:

He encontrado varias listas en mi informe de crédito de Experian
que son obviamente antiguas. Estas cuentas están afectando
negativamente a mi crédito y me gustaría que usted las elimine.
Las siguientes cuentas están obsoletas:
1. Tarjeta de Crédito ABC
   Número de Cuenta: 1234567890
2. Empresa XYZ
   Número de Cuenta 0987654321

Una vez que usted haya confirmado que estas cuentas son obsoletas, por
favor elimínelos y envíeme un informe que muestra los cambios. Gracias de
antemano.

Atentamente,

María De Los Ángeles
Ave. Los Caballeros
Guaynabo, PR

Carta de Errores de Información Personal

Fecha:

TransUnion
Centro de Divulgación de los Consumidores
P.O. Box 2000
Chester, PA 19022-2000

RE: Número de Reporte:

Fecha de Reporte:

Estimado TransUnion,

Recientemente obtuve mi reporte de crédito de TransUnion. La sección   de información personal contiene errores que me gustaría corregir. La siguiente información es incorrecta y debe ser cambiada:

LA INFORMACIÓN EXISTENTE: [INSERTE LA INFORMACIÓN IGUAL COMO APARECE EN SU INFORME.]

DEBE SER: [ESCRIBA LA INFORMACIÓN CORRECTA.]

Por favor corrija estos artículos y envíeme un informe de crédito que muestra las correcciones. Gracias por su atención.

Atentamente,

Jose M. Rivera Santiago
Urb. Jacacanda
Calle Andalucia 234
Santa Isabel,PR

Carta de Solicitando Una Investigación

Fecha:

Servicio de Información de Equifax
P.O. Box 740256
Atlanta, GA 30374-0256
RE: Número de Reporte:

Fecha de Reporte:

Estimado Equifax:

Cuando estuve revisando mi informe de crédito de Equifax, descubrí varios artículos cuestionables. Por favor investigue los siguientes listados:

1. Tarjeta de Crédito ABC
    Número de Cuenta: 1234567890
2. Empresa XYZ
    Número de Cuenta 0987654321

Estoy seguro de que una vez que usted ha complete una investigación con el acreedor proveyendo esta información, usted va a encontrar que yo soy correcto esos elementos serán corregidos o eliminados. Cuando usted elimine estos artículos, por favor proporcióneme con una versión actualizada de mi informe de crédito. Gracias por su atención.

Sinceramente,

Sara Quiñones Martinez
Ext La Alambra 1
Esquina Turpial
Juana Diaz,

Solicitud de Verificación

Fecha:

TransUnion

Centro de Divulgación de los Consumidores
P.O. Box 2000
Chester, PA 19022-2000
RE: Número de Reporte:

Fecha de Reporte:

Estimado TransUnion:

He recibido mi informe de crédito de TransUnion y he encontrado varios elementos que necesitan verificación. Me importa mucho tener un informe de crédito correcto. Por favor verifique que la información es correcta acerca de los listados siguientes:

1. Tarjeta de Crédito ABC
    Número de Cuenta: 1234567890
2. Empresa XYZ
    Número de Cuenta 0987654321

Por ley federal, es su obligación legal de verificar si los elementos anteriores pertenecen a mi archivo de crédito. Gracias de antemano por revisar y verificar la información antes mencionada. Espero su respuesta confirmando que estos elementos han sido eliminados. Gracias.

Atentamente,

Manuel Soto Ríos
Urb La ALAMBRA
Calle Sombra 5236

Carta de Cuenta Equivocada

Fecha:

Servicio de Información de Equifax

P.O. Box 740256
Atlanta, GA 30374-0256
RE: Número de Reporte:

Fecha de Reporte:

Estimado Equifax:

Esta carta servirá como mi queja formal por los errores en mi informe de crédito. La cuente indicada abajo no es mío(a). No tengo conocimiento de esta cuenta. La presencia de esta cuenta en mi informe de crédito es perjudicial y debe ser eliminada. Respetuosamente le pido que esta cuenta sea investigada y eliminada de mi archivo:

Tarjeta de Crédito ABC   Número de Cuenta: 1234567890

Solicito los nombres de las personas, con sus direcciones de trabajo, que usted ha contactado para la verificación de esta información. Asimismo, demando ver cualquier documento que lleva mi firma solicitando una cuenta con las compañías antes mencionadas.

La ley federal requiere que usted responde entre 30 días. El incumplimiento de estas regulaciones federales por las agencias crediticias es investigado por la Comisión Federal de Comercio (véase 15 USC 41, y ss.). Yo estoy manteniendo un registro detallado de mis comunicaciones con usted sobre este asunto con el fin de presentar una queja ante la CFC.

Por favor elimine la información engañosa, y proporcione un perfil de crédito corregido a todos los acreedores que han recibido una copia en los últimos seis meses, o los últimos dos años con fines de empleo. Envíame una copia corregida de mi informe de crédito con estos elementos eliminados.

Sinceramente,

David Gomez Padilla

Verificación de Elementos Cuestionables

Fecha:

TransUnion
Centro de Divulgación de los Consumidores
P.O. Box 2000
Chester, PA 19022-2000
RE: Número de Reporte:

Fecha de Reporte:

Estimado TransUnion:

Esta es una petición oficial para que usted verifique los elementos cuestionables que yo he encontrado en mi informe de crédito de TransUnion. Por las leyes federales, usted tiene la obligación de demostrar que estos elementos aparezcan correctamente. Por favor revise la copia adjuntada de mi informe de crédito de TransUnion y verifique los artículos siguientes:

1. Tarjeta de Crédito ABC
   Número de Cuenta: 1234567890
2. Empres XYZ
   Número de Cuenta: 0987654321

Yo he destacado los elementos a verificar. Ley federal requiere que usted complete su investigación dentro de 30 días y que usted me envíe una copia corregida de mi informe. Espero su respuesta. Gracias.

Sinceramente,

Carmen Gonzalez Ruiz

Solicitud por la Eliminación de un Elemento Específico

Fecha

Experian
Centro Nacional de Asistencia de Consumidor
P.O. Box 2104
Allen, TX 75013-2104

RE: Número de Reporte:
Fecha de Reporte:
Estimado Experian:

Yo he hecho un poco de investigación y he aprendido que usted es legalmente responsable de investigar y eliminar los elementos de un informe de crédito que no se pueden verificar. Creo que los siguientes elementos no pertenecen a mi informe de crédito. Estoy pidiendo que usted verifique lo siguiente:

1. Tarjeta de Crédito ABC
   Número de Cuenta: 1234567890
2. Empresa XYZ
   Número de Cuenta: 0987654321

Por favor envíe la información actualizada a la dirección siguiente:

Ana Muñoz Cabrera
12345 Main Street
Pleasantville, ST 00000
Gracias de antemano por su pronta asistencia.

Sinceramente,

Ana Muñoz Cabrera
12345 Main Street
555-555-5555

Acerca del autor

David Gómez Padilla, contador y dueño de DG Accounting Services; un DBA creado por el mismo para beneficios del pequeño comerciante. Natural de Ponce, PR y criado en un sector de bajo recursos de este mismo pueblo. Fue el penúltimo de trece hermanos, sus padres: Florencio Gómez y Miriam Padilla.

Estudio un Bachillerato en Administración de Empresa con una concentración en Contabilidad en la Universidad Interamericana de Puerto Rico, Recinto de Ponce. También obtuvo una Maestría en Administración de Empresas con concentración de Mercadeo Digital en la institución National University College del pueblo de Ponce.

Unas de sus aspiraciones personales y profesionales es llegar a obtener la licencia de CPA (Contador Público Autorizado), y ser reconocido por su calidad de servicio y el compromiso de ayudar al prójimo. Posee algunas licencia del estados tales como: licencia de productor de agente de seguros (Vida e Incapacidad) y especialista de planillas.

Esta guía es el comienzo de muchas cosas buenas, tanto para mí como para las personas que me siguen. Espero que lo disfruten a cabalidad. Un abrazo y éxito!

REFERENCIAS Y RECURSOS

- Puedes solicitar los reportes de créditos totalmente Gratis en www.annualcreditreport.com

- En www.myfico.com encontraras los reportes de crédito para solicitarlo de forma individual.

- La FTC (Comisión Federal de Comercio) protege a los consumidores a prevenir el fraude, engaño y las prácticas comerciales desleales en el mercado. Para más información puede visitar www.ftc.gov/es

Transunion PUERTO RICO

PO BOX 13968

San Juan,PR 00907-3396

www.transunion.com

1-800-981-9442

Equifax PUERTO RICO

1590 PONCE LEON AVE

Rio Piedras, PR 009

www.equifax.com

1-888-611-9573

Transunion USA

PO BOX 390 Springfield

Pennsylvania 19064-0390

www.transunion.com

1-800-981-9442

Equifax USA

PO BOX 740241 ATLANTA

Georgia 30375

www.equifax.com

1-800-216-1035

Experian

P.O Box 2104 Allen,Texas 75013

www.experian.com

1-888-397-3742

DG ACCOUNTING SERVICES

Para más información se puede comunicar al

787-974-3172

www.ingramcontent.com/pod-product-compliance
Lightning Source LLC
Chambersburg PA
CBHW070853070326
40690CB00009B/1830